SOCIÉTÉ

DES AMIS DE LA LIBERTÉ ET DE L'ÉGALITÉ.

DISCOURS

CONTRE LA DÉFENSE DE LOUIS CAPET,

DERNIER ROI DES FRANÇOIS,

Par le Citoyen CARRA, *Député de Saône &
Loire ; prononcé à la séance du 3 janvier
1793, l'an deuxième de la République.*

IMPRIMÉ PAR ORDRE DE LA CONVENTION NATIONALE.

J E parlerai sans passion, je n'en connois aucune
que celle du bien public ; sans partialité, c'est par

là que le caractère d'un juge doit se manifester essentiellement ; sans personnalités, les allusions, même aux personnes, sont des sources de haine & de division, qui réjouissent nos ennemis, trompent l'espoir du peuple, & arrêtent la marche de nos opérations ; sans digressions oratoires, la vérité n'a pas besoin de s'envelopper dans des phrases, ni les principes dans des mouvemens d'éloquence. Ce sont des résultats du gros bon sens, des rapprochemens calculés de sang-froid, des idées simples, des raisonnemens pris dans la conscience du cœur humain, & dans la moralité de l'esprit, que j'essaye de présenter à votre sagesse, à vos lumières. Je ne citerai point l'histoire, parce que l'histoire n'a rien qui puisse se comparer à notre révolution, & sur-tout aux circonstances où nous sommes aujourd'hui ; parce que l'histoire, ainsi que je l'ai observé depuis la révolution, n'a fait qu'égarer les rois & leurs ministres dans l'application qu'ils en ont faite pour les évènemens futurs ; parce qu'enfin notre révolution, étant le produit des progrès bien décidés de la raison & de la politique universelles, elle ne peut avoir en rien le caractère des révolutions précédentes, ni souffrir des applications rétrogrades, ou des données positives, prises dans l'histoire. Tout est neuf dans notre révolution, & sur-tout la question qui nous agite aujourd'hui, savoir si la Convention prononcera définitivement & irrévocablement sur le sort de Louis Capet.

Déja près de trente orateurs ont parlé, & plus de soixante parleront encore sur cette question que tout Français, quelqu'ignorant qu'il fût, pouvoit avec justice & raison décider d'un coup de fufil ou de piftolet, le 10 août dernier. Oui, tout citoyen a le droit naturel de punir de mort l'affaffin du peuple ; mais cet affaffin roi s'étoit réfugié au fein des repréfentans du peuple ; & le peuple dès-lors, par un faint refpect pour fes repréfentans, leur remit le foin de fa jufte vengeance. Cette vengeance fut tranfmife enfuite à la convention nationale, convoquée expreffément & folemnellement, en partie, pour cet objet : dès-lors la Convention nationale, par le fait du droit naturel du peuple, & par fa miffion politique, fut inftituée juge irrévocable & irrefponfable du tyran déchu & détrôné.

Tel eft, citoyens, le véritable état de la queftion. La Convention nationale eft le juge né de Louis Capet, par cela feul que le peuple n'a point voulu exercer fur lui, comme il le pouvoit, fon droit naturel de repréfailles ; & cette convention ne peut & ne doit renvoyer au peuple, fous aucun rapport, le jugement définitif de ce grand procès entre le peuple lui-même & fon affaffin, ci-devant roi ; car, alors, le peuple feroit véritablement, lui, juge & partie ; & nous, qui fommes les véritables intermédiaires, les véritables juges politiques, nous ne ferions plus que des avocats pour ou contre, ou les fimples greffiers d'une procédure interminable & défaftreufe pour la république.

Mais, avant d'entrer dans les développemens qui doivent ramener l'opinion au centre des vrais principes, & détruire les fcrupules d'une imagination pufillanime & incertaine, j'examinerai d'abord, dans les principales circonftances, la défenfe que Louis Capet a oppofée à l'accufation du peuple &

à la matérialité des crimes & des trahisons que la nation entière lui reproche.

Le défenseur de Louis Capet ne s'est pas contenté d'employer, pour ses moyens, tous les subterfuges, les sophismes, les paradoxes, les faux-fuyans, les négations & les faussetés dont la langue peut abuser ; il a prétendu encore prouver, contre l'évidence la plus frappante, contre des milliers de faits & de témoins ;

1º. Que Louis étoit parfaitement innocent de la coalition des tyrans étrangers ;

2º. Que c'est le peuple qui, dans la journée du 10, a été l'aggresseur ; ce qui voudroit dire, aux yeux de l'Europe, que le peuple seul, dans tous ces événemens, est un peuple rebelle, coupable & par conséquent punissable.

Mais, comment le défenseur explique-t-il l'innocence de Louis Capet, sur la coalition des tyrans ?

Par la correspondance ostensible que Montmorin & Lessart ont eu soin de laisser dans les bureaux des affaires étrangères, pour s'en servir au besoin ; car on attendoit l'invasion que la cour avoit provoquée, & qui a eu lieu ; & cette correspondance devoit servir à persuader au peuple, que la cour & les ministres n'y avoient aucune part. La correspondance secrète étoit brûlée, ou cachée dans des boiseries, ou enterrée ; mais les faits, ainsi que les pièces découvertes, ont suffisamment, depuis, prouvé les moyens de trahison & de perfidie, de la part de Louis & de ses ministres, dans la coalition des tyrans étrangers, &c. &c.

N'est-il pas l'aggresseur, le tyran qui fait de son château un repaire de conjurés, un magasin d'armes ?

Dès le commencement de juillet, le château étoit plein de chevaliers du poignard, de gardes nationales dévoués au tyran. Les galeries, les fallons, les cuifines, & nombre d'appartemens étoient remplis de matelas pour coucher tous ces fatellites.

Ce font ces préparatifs, bien connus, & l'établiffement d'une commiffion de juges de paix dans le château, qui ont attiré les fédérés à Paris, & provoqué une infurrection général.

On favoit que le tyran fe retranchoit dans fon château ; & pourquoi s'y retranchoit-il ? pour exciter d'abord la guerre civile entre les citoyens ; enfuite, pour exécuter, dans une nuit donnée, le maffacre des meilleurs patriotes, des plus chauds amis du peuple.

Dans la nuit du 26 au 27 juillet, il y avoit 8 mille hommes armés au château. C'eft le compte qui nous en fut rendu par le maire de Paris, fur la place de la baftille.

Nous avions été prévenus, depuis le 4 août dernier, que fi les patriotes ne fe tenoient pas en garde, & n'alloient pas au devant du danger, il fortiroit du château, dans la nuit du 11 au 12, des fatellites du tyran, qui les égorgeroient dans leurs propres maifons, dans leur lit même.

Ne falloit-il donc pas prévenir de telles horreurs ? Et le peuple, qui ne vouloit pas fouffrir au milieu de la capitale, la citadelle de Coblentz, avoit-il tort de méditer l'attaque de cette citadelle ? N'éft-il pas pas l'aggreffeur, celui qui, au lieu d'exécuter les loix qu'il avoit jurées, fe retranchoit dans un arfenal, d'où il menaçoit à chaque inftant la sûreté & la liberté des citoyens, & d'où l'ordre fut donne, le 10 août dernier, de tirer fur le peuple, dans le temps que le peuple ne fe méfioit point des fatellites du tyran, qui venoient l'embraffer?

Pourquoi a-t-il fait venir le maire & le procureur-général-fyndic dans fa forterefle, la nuit du 9 au 10? N'étoit-ce pas pour en faire des otages, & s'autorifer de leur préfence, en cas de non fuccès, comme il s'en autorife dans fa défenfe? C'eft par la même raifon qu'il avoit demandé des membres de l'affemblée nationale.

Mais, s'il eût eté vainqueur, qui peut affurer qu'il n'auroit pas fait égorger & le maire & le procureur-général, & les députés, & toute l'affemblée nationale elle-même? Son fourire, au premier coup de canon, lorfqu'il étoit dans la loge à côté du préfident, ne montroit-il pas à nu toute l'atrocité de fon ame?

Croyez-vous, citoyens, que, dans le cas de la victoire pour fes fatellites, il eût employé les formes judiciaires, & donné des défenfeurs officieux aux patriotes infcrits dans fa lifte de profcription? —— C'eft-là, c'eft en lui accordant des défenfeurs officieux, que nous avons montré la générofité d'un grand peuple; mais cette générofité ne doit pas aller plus loin: car, avant de pouffer la générofité à l'excès, pour un homme auffi criminel, il faut examiner fi vous ne devez rien aux mânes de plus de 200,000 hommes qui font déjà victimes de fes trahifons; & à celles des braves foldats de la république, qui périffent tous les jours dans les combats, ou que la mort attend au printems prochain? Serez-vous humains pour un feul, & inhumains pour des millions? Non, j'en jure par le peuple qui nous a confié l'exercice de fes pouvoirs ; par les foldats qui combattent pour nous, tandis que nous fommes tranquillement ici, & par la juftice éternelle, qui ne veut pas que les plus grands des forfaits foient impunis.

Nous avons été convoqués pour prononcer fur le fort du ci-devant roi, & enfuite pour faire une conftitution toute républicaine.

Les craintes qu'on veut nous infpirer fur la condamnation à mort, ne font que des reftes de préjugés d'efclaves, couverts d'une fauffe fenfibilité.

La punition du traître épouventera les autres tyrans, & déconcertera leurs mefures.

D'un autre côté, quoi qu'il en arrive, les tyrans coalifés n'en feront ni plus ni moins.

Ils prendroient, au contraire, plus d'audace & d'efpoir, s'ils croyoient que c'eft par crainte d'eux, que nous avons balancé de punir les forfaits du traître ci-devant roi.

Mais, dites-moi, citoyens, quel eft celui qui oferoit jamais prétendre à la royauté, fi vous faites tomber aujourd'hui la tête d'un ci-devant roi ? Quel eft celui qui n'oferoit pas y prétendre, fi, après tant de forfaits, commis par Louis Capet, vous lui laiffiez la vie ?

Ne voyez-vous pas, d'ailleurs, que la hache qui fera tomber cette tête, ébranlera néceffairement celle des autres tyrans de l'Euope, & détruira fingulièrement l'illufion de leur prétendue divinité ? Les peuples, comme les individus, font les imitateurs, les finges les uns des autres : chaque peuple voudra prendre fa baftille & faire fon 10 août ; leurs tyrans, frappés de l'efprit de vertige &

A 3

d'erreur , fuivant les mêmes erremens que la ci-
devant cour des Tuileries , fourniront par - tout
miile occafions d'infurrections nationales. Déjà ,
Georges III a fait fortifier la tour de Londres ;
en faut-il davantage pour prédire qu'avant peu la
prife de cette tour , par les fans-culottes d'Angleterre , renverfera tous les projets de la cour de
Saint-James, & commencera férieufement, dans cette
île, la deftruction de la tyrannie royale, & de l'aristocratie nobiliaire. Ceux - là connoiffent bien peu la
marche des événemens, & la vertu de la déclaration
des droits de l'homme, qui vont fe perdre aujourd'hui
dans l'hiftoire du paffé, pour juger de l'avenir, & qui
doutent un inftant de la propagation fucceffive &
continue des principes de la liberté & de l'égalité,
dans toutes les contrées qui nous environnent. Le
genre humain a commencé par être un enfant ;
il commence aujourd'hui à devenir un homme. Ne
jugeons donc point par les préparatifs du miniftère
anglois , & par les farces jouées dans le parlement,
entre les miniftres & le parti de l'oppofition , parfaitement d'accord enfemble , d'une intention dé-
cidée à nous faire la guerre , mais de la double
intention d'épouvanter feulement , & la convention nationale de France , & le peuple anglois
lui-même , dont on craint l'efprit imitatif. Dès
que la tête du tyran Capet fera abattue , Georges
III & fon miniftre Pitt tâteront fi la leur eft
encore fur leurs épaules , & il n'y aura plus de
difficultés dans le parlement d'Angleterre , pour
reconnoître la république françoife , & fe hâter
de lui demander fon alliance , parce que le fait
eft qu'on veut, à tout prix , éviter la révolution

anglaiſe. Les Suiſſes, d'un autre côté, ne douteront plus de la trahiſon dans laquelle Louis a entraîné leurs compatriotes, dans la journée du 10, car ils pourroient récriminer contre nous & nous faire la guerre, ſi Louis n'étoit pas puni.

Il en ſera de même des autres tyrans coaliſés contre nous; chacun de ceux qu'ils appellent leurs ſujets, en regardant la tête de ces tyrans, pourra ſe dire en lui-même: cette tête n'eſt pas d'une nature plus divine que celle de Louis Capet; pourquoi ne tomberoit-elle pas également? C'eſt elle qui nous opprime & nous fait égorger par milliers, pour ſon bon plaiſir, comme faiſoit Louis XVI. Abattons donc cette tête; aboliſſons donc la royauté; imitons en tout les François : vive la liberté! vive l'égalité! vive la république dans toute l'Europe!

Mais, diſent quelques orateurs, les peuples voiſins ne ſont pas mûrs pour la liberté; les Francfortois ont égorgé traîtreuſement nos frères, qui ſe croyoient en ſûreté dans leurs murs.

Je demande d'abord ſi le peuple françois étoit mûr au 14 juillet 1789; s'il l'étoit même avant le 10 août dernier; ſi même aujourd'uhi la majorité eſt bien mûre pour les vrais principes philoſophiques de liberté & d'égalité. Non, ſans doute. Eh bien! que ſignifie donc notre révolution? Elle ſignifie que dans l'ordre des choſes, dans la marche naturelle des événemens, la régénération politique a devancé, comme cela doit être par-tout, notre régénération morale; car il ſeroit abſurde de croire que nous aurions dû être tous de parfaits philoſophes, de parfaits républicains, avant d'avoir ſongé ſeulement à nous plaindre de la tyrannie des rois &

de l'aristocratie nobiliaire & sacerdotale. La masse
des peuples ne peut se régénérer en morale & en
vertu , que quand les sources & les objets de cor-
ruption & de servitude ont disparu de son sol. Il
faut donc commencer par faire disparoître du sol de
nos voisins, comme nous avons fait du nôtre,
les tyrans couronnés , mîtrés , cordonnés. Notre
décret du 15 du mois dernier , relativement à la
conduite de nos généraux dans les pays ,circon-
voisins, aidera merveilleusement cette opération ;
mais il faut un peu de patience : les révolutions
ne se font pas d'un coup de baguette , comme sur
le théâtre. Il faut d'abord résister à l'oppression ,
se battre contre les automates des tyrans, leur
apprendre à déserter ou à mettre bas les armes
devant leurs frères, propager la déclaration des
droits. imprimer sans cesse de bons ouvrages, les
distribuer parmi le peuple ignorant , les traduire
en toutes les langues , puis faire de bonnes loix,
qui amènent de bonnes mœurs ; puis , lorsque la
fermentation des idées a mûri les têtes , que tous
entendent le même langage politique, & que l'u-
nion règne entre tous les citoyens ; la révolution
est faite.

Quant au massacre de nos frères à Francfort,
il paroît démontrée que cet événement est plutôt
l'effet de la scélératesse du prince de Hesse (ce
qui n'est pas étonnant de la part d'un prince),
que d'une conjuration de la majorité des habi-
tans de cette ville. Au reste, un grand moyen
d'en tirer vengeance, c'est d'exiger une forte
contribution des riches négocians & banquiers de
cette ville ; on est sûr par-là de ne pas tomber à

faux fur les véritables complices de cette horrible trahifon, & de ramener le peuple de Francfort aux principes de la liberté & de l'égalité.

Ainfi, tous les argumens donnés, foit pour nous empêcher de feconder la régénération politique des peuples voifins, foit pour nous effrayer fur la décollation d'un roi, font des argumens pufillanimes & à contre-vue.

La raifon & la juftice univerfelles n'ont pas donné l'effort aux François, pour les laiffer en fi beau chemin ; notre carrière doit être marquée par de grands traits, & nous devons aujourd'hui, dans la punition d'un traître découronné, donner un grand exemple à nos contemporains & à la poftérité.

Les craintes fur la non-condamnation à mort, de Louis, font également fauffes ; elles font injurieufes au peuple, dont on affecte de foupçonner les intentions, & qu'on préfente, dans toutes les hypothèfes, comme devant fe livrer aux reproches, à la violence & aux excès contre fes repréfentans. Moi, je vous dis que le peuple de Paris, le peuple des 84 départemens eft plus jufte & plus fage qu'on n'affecte de le croire ; qu'il ne fe laiffera point entraîner aux fuggeftions des hommes perfides ou infenfés ; & qu'il a déjà vu clairement que c'étoit l'or des banquiers & autres agens des cours étrangères, qui cherchoient à le mettre en mouvement. Le premier, il fera juftice de ces agitateurs, j'en jure par fon inftinct naturel, fouvent fupérieur aux lumières des individus les plus éclairés ; j'en jure par fon intérêt propre & par fon amour fincère pour la liberté &

l'égalité. Non, le peuple n'a point mis ses représentans, comme l'a dit Salle, entre deux écueils
également funestes. Quelque soit votre prononcé
sur le sort du traître Louis, le peuple obéira, parce
qu'après tout, il sent très-bien que le sort de
l'empire dépend moins du sort d'un individu, que
de l'obéissance du peuple aux loix qu'il vous a
commandé de faire.

Mais comment la liberté d'opinions, dans cette
assemblée conventionnelle, se trouveroit-elle en-
travée? Quelles sont les sections de l'empire qui
vous ayent imposé la loi de suivre leurs propres
opinions dans le jugement que vous allez prononcer? N'avez-vous pas toujours la plénitude &
l'intégrité de votre opinion à vous même? Prononcez donc, mais prononcez d'après les principes de politique, & le droit naturel qui vous
constituent, en ce moment, un corps politique.
Prononcez d'après l'évidence matérielle & la no-
toriété publique des faits qui pressent de toutes
parts votre conscience. Point de demi-mesure,
point de demi-jugement : la mort pour le tyran
le plus criminel qui ait jamais existé! &, songez
bien que la question, s'il est coupable, oui ou
non, ne peut pas vous être proposée : ce seroit
un doute injurieux au peuple, à vous-mêmes,
qu'une pareille question ; vous n'êtes pas un juré
de jugement, comme vous n'êtes pas un juré
d'accusation ; ce sont les faits qui ont accusé Louis
Capet ; ce sont les preuves multipliées de ces
faits qui l'ont déclaré coupable aux yeux de la
nation entière, qui a été elle-même, dans toutes
ces circonstances, le juré d'accusation & le juré
de jugement. Vous n'avez donc ici d'autre fonction

que celle d'émettre publiquement votre vœu fur la peine que le tyran découronné mérite.

On vous a parlé de refponfabilité pour la convention nationale ; on vous a dit qu'il falloit mettre cette refponfabilité à l'abri des événemens , en renvoyant aux affemblées primaires l'application de la peine : foibleffe , inconféquence , pufillanimité ; voilà ce que préfentent de pareilles propofitions. De quoi êtes-vous refponfables , puifque vos commettans n'ont point limité vos pouvoirs ; puifque vous avez été convoqués expreffément pour décider fur le fort du traître Louis , & partir enfuite de là , pour faire une conftitution républicaine , fondée fur les grands principes de la raifon , de la juftice & de la politique univerfelles ?

Votre refponfabilité rouleroit-elle , comme on a voulu le faire entendre , fur la mobilité & la légèreté du peuple ? Mais qu'elle preuve vous a-t-il donc donnée de cette mobilité depuis le 10 août dernier : je dirai même depuis le 14 juillet 178) ? Savez-vous qu'un peuple qui veut la liberté , qui l'a conquife graduellement , & à différentes reprifes , n'eft plus un peuple mobile & léger ? La déclaration des droits de l'homme & de l'égalité l'ont fixé. Tous les peuples efclaves font mobiles & légers , parce qu'ils font foumis à l'arbitraire d'un tyran : le peuple françois étoit ainfi fous le tyrannie des rois. Aujourd'hui il eft fixe , parce que les principes , fur lefquels fa liberté eft fondée , font fixes auffi & immuables. Ne parlons donc plus de la légèreté du peuple françois , & cherchons nos argumens , non dans le paffé , ni dans les anciens préjugés , mais dans l'état préfent des

chofes & des efprits ; & de là, nous nous élan-
cerons avec une logique fûre & conféquente, dans
l'avenir.

Votre refponfabilité rouleroit-elle auffi, comme on
l'a dit encore, fur les tendres reffouvenirs du peuple
pour le tyran puni de mort ? Mais vous ne faites
donc pas attention que l'homme le plus vertueux,
le plus chéri, eft fouvent oublié huit jours après
fa mort. Tel eft le cœur humain. Or, comment
voudroit-on que le peuple, occupé de fes travaux
journaliers & des intérêts de fa chère république,
aille fe carreffer l'imagination du reffouvenir d'un
tyran qui lui fit tant de mal & commis tant de
crimes ? Ce feroit plutôt pour maudire mille fois
fa mémoire ; mais ne croyez pas que ce feroit
pour vous reprocher en rien, la mort qu'il a fi
bien méritée. Non, l'homme libre n'eft pas auffi
inconféquent ni auffi fujet aux erreurs de l'ima-
ginat on. C'eft à l'efclave feul, à ces Blondel, qui
courent après les rois, leurs maîtres, qu'on peut
attribuer de pareilles foibleffes, & de pareils
fouvenirs!

A quoi donc aboutiroient, en dernière analyfe,
les craintes d'une refponfabilité pour la convention nationale ? Seroit-ce à la colère des tyrans
coalifés contre nous ? Mais, croyez-vous, fi ces
tyrans pouvoient nous vaincre & renverfer l'édi-
fice de notre république, que le renvoi aux affemblées primaires, de la peine à infliger à Louis
Capet, vous garantiroit de la vengeance de ces
tyrans ? Non, fans doute : il n'en feroit ni plus
ni moins, comme je l'ai déjà dit. La feule dif-
férence qu'il y auroit, c'eft que ces tyrans vous

feroient égorger fous les yeux mêmes, & aux éclat
de rire du tyran que vous auriez épargné. Certes,
vous ne lui laifferez pas l'efpoir d'un pareil événement.

Non, citoyens, la crainte des tyrans coalifés
ne doit pas même être foupçonnée dans cette
affemblée, & encore moins influer fur nos déli-
bérations. Si ces tyrans vous regardent en ce moment avec colère, les peuples qu'ils oppriment
nous regardent avec intérêt, & attendent avec
inquiétude de quel côté penchera la balance. La
tête du tyran la fera pencher pour les peuples ;
l'indulgence enhardira les rois. Voyez, citoyens,
de quel côté vous la ferez defcendre.

Mais fi la nation, difent d'autres orateurs,
venoit à éprouver des échecs, on pourroit s'en
prendre à nous, & attribuer ces échecs à la mort
de Louis Capet, que nous aurions condamné. Ar-
gument d'efclaves ! Puérilité d'imagination ! On
pourroit auffi, par la raifon inverfe, vous attribuer ces échecs, fi Louis n'étoit pas condamné
à mort ; & certes, dans ce cas, on auroit bien
plus de raifons encore, car on pourroit vous dire :
fi le ferpent étoit mort, fon venin n'auroit pas
été un germe de guerre & de maffacre. Y penfent-
ils donc ceux-là qui veulent mettre votre confcience
aux prifes avec la terreur des événemens futurs,
& vous faire un devoir des caprices ou des foibleffes de leur cœur ou de leur imagination ? Non,
légiflateurs, vous ne devez point, en nulle circonf-
tance, vous laiffer guider par les impulfions de
la crainte, ni par des retours complaifans de fenfibilité fur vous-mêmes. Vous ne devez point
rifquer la guerre civile, par le renvoi aux af-

semblées primaires, pour garantir votre responfabilité si proposée. Vous devez être ici d'un stoïcisme impassible pour vous, & d'une justice sévère pour Louis Capet ; car il s'agit en lui, non d'un criminel ordinaire, mais d'un tyran consommé dans la perfidie & dans tous les genres de crimes & de forfaits. La postérité, qu'on nous a souvent citée à cette tribune, sera étonnée, sans doute, qu'une question aussi simple, ait éprouvé des controverses aussi longues & souvent aussi puériles ; elle ne pourra comprendre comment, nous avons pu accorder ces controverses avec l'esprit républicain, dont nous nous flattons tous d'être intimement pénétrés. Finissons-donc ce débat, comme il doit finir, pour notre honneur & notre gloire, c'est - à - dire, par prononcer la mort du tyran ; & sous cet auspice heureux, & après avoir brisé le talisman fatal de tous nos maux, la royauté, dans un roi coupable, & un homme coupable, hors de la royauté ; marchons à de nouveaux triomphes, la victoire nous attend par-tout.

Citoyens, êtes-vous tous bien convaincus des principes & des vérités simples que je viens de vous exposer ? Non, je le vois, quelques - uns d'entre vous sont encore séduits par l'idée d'un renvoi aux assemblées primaires ; on vous dit que c'est un hommage à rendre à la souveraineté du peuple, & que vous ne pouvez vous en dispenser. Eh bien ! moi, je vous démontre que cette proposition si brillante de respect & de soumission pour la souveraineté nationale, est une inconséquence dans le fond, & que, dans la forme, c'est un piége tendu à la convention & à la nation e'le même : d'abord elle est une inconséquence, en donnant au jugement d'un simple individu, à l'existence d'un traître assassin, l'importance & le caractère que vous donnerez à votre constitution toute entière, lorsque vous la présenterez, avec raison, à la sanction du peuple des 84 départemens ; &, en second lieu, elle est un piége, parce que c'est risquer, dans cette occurence, de mettre le peuple & ses représentans en contradiction formelle.

Supposons, par exemple, que la convention ait prononcé la mort du tyran, & que, dans les assemblées primaires, les intrigans, les royalistes, les banquiers des cours étrangères, & ceux qui ont prêté près de cent cinquante millions à Louis Capet, trouvent le moyen d'escamoter au peuple la révocation de l'arrêt de mort : qu'arriveroit-il de là ? Il arriveroit que tous les ennemis de la république, tous les tyrans d'Europe diroient : « Vous le voyez bien, le peuple françois n'est pas si injuste que la convention ; il a reconnu l'innocence de Louis Capet ; il a reconnu ses propres torts à lui ; le peuple a déclaré par-là factieux & rebelles les fédérés & les parisiens qui ont fait la journée du 10 août » : & de-là il n'y auroit qu'un pas pour exciter des violences contre la convention, la faire dissoudre, & en suite rétablir le despotisme royal.

Oui, citoyens, ce seroit risquer bien gratuitement & bien légèrement le sort de la république, que de proposer le renvoi aux assemblées primaires, tandis qu'il n'y a rien de si simple, de si juste, de moins dangereux, & de si conséquent aux principes de toute justice, aux motifs de la tran-

quillité publique, & à la marche politique de la
révolution, que de prononcer l'arrêt de mort du
tyran, & d'en finir le plutôt possible ; car, je vous
en avertis, les banquiers & autres agens des tyrans
étrangers travaillent furieusement aujourd'hui, à
ce qu'il me semble, par des intermédiaires sou-
doyés, & par tous les moyens possibles, quelques
généraux de vos armées, un grand nombre d'of-
ficiers & de fournisseurs de vivres, beaucoup de
commis de bureau, & peut-être plusieurs d'entre
nous, qui ne s'en doutent vraisemblablement pas,
& que je me garde bien de soupçonner. Ces banquiers de cours étrangères, ces financiers, qui ont
mis sur la tête de Louis Capet plusieurs centaines
de millions, ont grand intérêt à empêcher cette
tête de tomber : les uns, pour leur argent ; les
autres, parce qu'ils croient y voir l'espoir du ré-
tablissement de la royauté en France. Si ce ne sont
pas ces personnages-là qui ont soufflé l'idée du
renvoi aux assemblées primaires, soyez sûrs, citoyens, qu'ils font au moins tous leurs efforts pour
la soutenir & la faire prévaloir ; & frémissez d'une
idée aussi funeste & aussi désastreuse. Mort le
serpent, mort le venin.

Je conclus donc, 1°. à ce que la convention
nationale, arguant du droit naturel de la nation
qu'elle représente, & de son droit politique à elle-
même, vu l'évidence matérielle des crimes &
trahisons de Louis Capet, prononce le jugement
de ce ci-devant roi ;

2°. Que la question soit ainsi posée : *Louis
Capet, ci-devant roi des François, n'a-t-il pas
mérité la mort ?*

3°. Qu'en vertu de votre décret du chaque membre monte à la tribune, par appel nominal, pour émettre fon vœu, par oui ou par non;

4°. Que l'on paffe à l'ordre du jour fur la queftion propofée, de renvoyer aux affemblées primaires l'application de la peine, & même la ratification du jugement.

EXTRAIT DU PROCÈS-VERBAL.

La Société dans fa féance du 31 décembre 1792, l'an premier de la République françaife, a arrêté l'impreffion de ce difcours, fon envoi aux Sociéiés avec qui elle fraternife.

MONESTIER, député, *préfident.*

DESFIEUX, *vice-préfident.*

BOURDON, député; CHALLES, député; DROUET, député; LAFAYE; MITTIÉ fils; AUVREST, *fecrétaires.*

Pour copie conforme, F. DESFIEUX, *vice-préfident.*

De l'Imprimerie de C. POTIER DE LILLE, rue Favart, n°. 5. 1793.

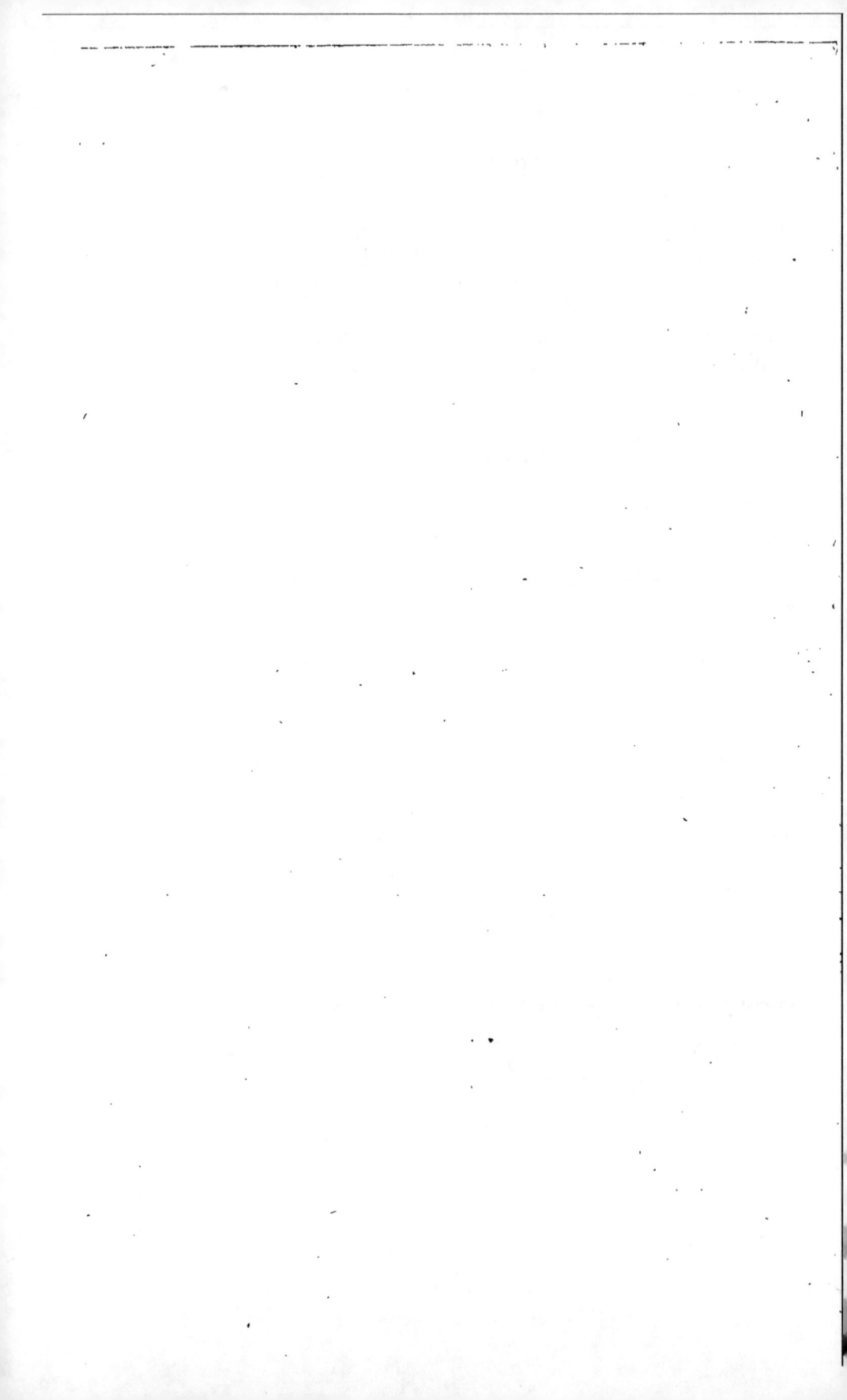

www.ingramcontent.com/pod-product-compliance
Lightning Source LLC
Chambersburg PA
CBHW061801040426

42447CB00011B/2416